BEI GRIN MACHT SICH IHR WISSEN BEZAHLT

- Wir veröffentlichen Ihre Hausarbeit, Bachelor- und Masterarbeit

- Ihr eigenes eBook und Buch - weltweit in allen wichtigen Shops

- Verdienen Sie an jedem Verkauf

Jetzt bei www.GRIN.com hochladen und kostenlos publizieren

Sven Weinzierl

Aus der Reihe: e-fellows.net stipendiaten-wissen

e-fellows.net (Hrsg.)

Band 1352

"Cross Plattform Development" für Smartphones und Tablet PCs. Werkzeuge, Technologien und Potenziale

GRIN Verlag

Bibliografische Information der Deutschen Nationalbibliothek:

Die Deutsche Bibliothek verzeichnet diese Publikation in der Deutschen National-
bibliografie, detaillierte bibliografische Daten sind im Internet über http://dnb.d-
nb.de/ abrufbar.

Impressum:

Copyright © 2014 GRIN Verlag GmbH
Druck und Bindung: Books on Demand GmbH, Norderstedt Germany
ISBN: 978-3-656-97079-8

Dieses Buch bei GRIN:

http://www.grin.com/de/e-book/300885/cross-plattform-development-fuer-smart-
phones-und-tablet-pcs-werkzeuge

GRIN - Your knowledge has value

Der GRIN Verlag publiziert seit 1998 wissenschaftliche Arbeiten von Studenten, Hochschullehrern und anderen Akademikern als eBook und gedrucktes Buch. Die Verlagswebsite www.grin.com ist die ideale Plattform zur Veröffentlichung von Hausarbeiten, Abschlussarbeiten, wissenschaftlichen Aufsätzen, Dissertationen und Fachbüchern.

Besuchen Sie uns im Internet:

http://www.grin.com/

http://www.facebook.com/grincom

http://www.twitter.com/grin_com

Fakultät Wirtschafts- und Allgemeinwissenschaften
Studiengang Wirtschaftsinformatik

STUDIENARBEIT

Cross Plattform Development
für Smartphones und Tablet PCs –
Werkzeuge, Technologien und Potenziale

Autor
Sven Weinzierl

Ort, Abgabetermin
Ansbach, 12. Juni 2014

Hochschule für angewandte Wissenschaften
University of Applied Sciences

I

Abstract

61,5% aller Experten empfehlen Unternehmen mobile Applikationen für mehrere Plattformen zu entwickeln (**Statista_A**, 13.05.2014). Das Anbieten einer Unternehmensleistung in Form von Apps für unterschiedliche Plattformen gilt als nutzbringend, da mehrere Kunden gleichzeitig erreicht werden können. Es wird vom Ansatz abgewichen, jede App von Grund auf als native App zu entwickeln, da der entstehende Aufwand den Nutzen deutlich übersteigt. An dieser Problematik knüpft die vorliegende Studienarbeit an, indem Lösungen gefunden werden, bei denen der Aufwand nicht den Nutzen, im Rahmen der plattformübergreifenden App Entwicklung übersteigt.

Zu Beginn werden Begrifflichkeiten definiert und die grundlegenden App Arten voneinander unterschieden. Abhängig von der jeweiligen Art der Applikation wird auf einen technologischen Ansatz, sowie auf ein Werkzeug zur Implementierung eingegangen, welche im Bereich **Cross Development** zum Einsatz kommen, um die Herausforderung der Plattformabhängigkeit zu bewältigen. Daraufhin werden die erläuterten Ansätze, Werkzeuge und App Ausprägungen miteinander verglichen. Abschließend werden Potentiale und Risiken des Cross Plattform Developments vorgestellt.

Abbildungsverzeichnis

Tabellenverzeichnis

Inhaltsverzeichnis

1 Einleitung

"write once, run anywhere"

(Slogan von der Firma Sun Microsystems)

Wohin das Auge reicht - überall Smartphones und Tablet-PCs. In der heutigen Zeit sind mobile Endgeräte kaum mehr weg zu denken und umgeben uns permanent. David Gilbert bestätigte diesen Zuwachs mit der Aussage, dass es in vier Jahren mehr mobile Geräte als Menschen auf diesem Planeten gibt. (**David Gilbert**, 10.06.2013).

Mit der zunehmenden Anzahl der Mobile Devices nimmt ebenfalls die Anzahl der darauf laufenden mobilen Anwendungen (Apps) zukünftig zu. Im Jahr 2011 wurden weltweit geschätzte 25 Milliarden Programme aus mobilen Application Stores auf Handys geladen, bis 2016 sollen es mehr als 300 Milliarden sein (**Statistia_B**, 20.04.2014).

Aber nicht nur die Geräte und Anwendungen vermehren sich rasant, sondern auch die Plattformen (Betriebssysteme), worauf die Apps eines Mobile Devices ausgeführt werden. Die fünf wichtigsten Smartphone Plattformen sind Android (Google), Symbian (Nokia), iOS (Apple), Windows Phone (Microsoft) und BlackBerry OS (RIM). Somit existieren parallel unterschiedliche Welten, die von Grund auf nicht miteinander harmonieren. Es ist die Rede von Plattformabhängigkeit. Dies bedeutet, eine spezielle Anwendung müsste für jede Plattform separat entwickelt werden, was wieder rum für einen deutlich höheren Aufwand sprechen würde, da die Anwendungsentwicklung für jede Plattform Zeit und Geld kostet.

2 Begriffsdefinitionen

Des Weiteren wird die grundlegende Bedeutung der Begrifflichkeiten **Cross Plattform Development**, **App** und **Wrapper** definiert, welche notwendig für das Verständnis dieser Arbeit sind.

2.1 Cross Plattform Development

Unter einer **Plattform** kann man ein Betriebssystem oder abstrakter eine einheitliche Basis verstehen, auf der Anwendungen ausgeführt und entwickelt werden können.

Der Term **„Cross"** weist darauf hin, dass etwas übergreifend erfolgt, in diesem Kontext plattformübergreifend.

Der letzte Teil der Terminologie, **„Development"** beschreibt die auszuführende Tätigkeit, die Entwicklung von plattformunabhängigen Anwendungen.

Diese drei Begrifflichkeiten miteinander aggregiert, ergeben den Entwicklungsansatz **Cross Plattform Development** mit dem Ziel, eine App nur einmal für mehrere Betriebssysteme zu programmieren.

2.1 App

Eine **App** bezeichnet allgemein eine Softwareanwendung. Der Begriff **App** entspricht der Kurzform des englischen Wortes Application. Eine Anwendungssoftware leistet nach Hansen und Neumann:

"Lösungen für fachliche Probleme" (**Hansen und Neumann**, November 2004, S. 29).

Somit kann beispielsweise durch das Schreiben einer Kalender-App das Zeitmanagement-Problem gelöst werden.

Des Weiteren ist eine App eine spezielle Ausprägung einer klassischen Anwendung, da eine App zusätzlich von einem Application Store herunter geladen werden kann – zu Beginn war dies nur für mobile Endgeräte möglich, mittlerweile auch für Laptops und Desktop-PC im Microsoft Umfeld (**Wolf Knüpffer**, 30.05.2014, S. 1). Behrens definiert einen Application Store (App Store) als:

"ein internetbasiertes Vertriebssystem für Software, das vor allem durch die steigende Verbreitung von Smartphones und Tablet-PCs Beliebtheit erlangt" (**Thomas Behrens**, August 2012, S. 2).

Im weiteren Verlauf dieser Studienarbeit wird nur auf Mobile Apps für Smartphones und Tablet PCs eingegangen.

2.3 Wrapper

Ein **Wrapper** ist ein Stück Software, das ein anderes Stück Software umhüllt (wrapped). Umgesetzt werden diese zum Beispiel im Bereich Anwendungsintegration, wenn ein Altsystem (Legacy System) in eine bestehende Infrastruktur integriert wird. Konkret wird ein Wrapper um ein Altsystem gebaut, um gezielt auf die Schnittstellen zugreifen zu können.

3 Ausprägungen mobiler Apps

Apps können in drei grundlegende Kategorien eingeteilt werden, den Nativ Apps, Web Apps und Hybrid Apps. Ziel dieser Kategorisierung ist eine Erleichterung des Verständnisses in Bezug auf die später zu erläuternden technologischen Ansätze und Werkzeuge des Cross Plattform Developments.

3.1 Native Apps

Native Apps sind Anwendungen, die für eine spezielle Ziel-Plattform entwickelt werden. Genauer gesagt, Apps werden für eine Plattform (z. B. iOS) kompiliert und anschließend auf dieser ausgeführt. Native Apps haben über APIs (Programmierschnittstellen) und Bibliotheken direkten Zugriff auf die Hardware und können direkt auf dem Gerät installiert werden (**Moritz Schönberger**, August 2012, S. 2). Durch den Hardwarezugriff sind Native Apps mit einer hohen Performance ausgestattet. Bevor die Installation jedoch beginnen kann, muss die App über einen Application Store heruntergeladen werden, welcher in der jeweiligen Plattform fest integriert ist. Nachfolgende Tabelle zeigt die drei wichtigsten nativen Plattformen im Vergleich zueinander.

Plattform	Apple IOS	Windows Phone	Android
Hersteller	Apple	Microsoft	Google
IDE	Xcode	Visual Studio	Eclipse
Geräte	Apple	Samsung, HTC, Nokia etc.	Samsung, HTC, Sony Ericsson etc.
SDK	iOS SDK	Windows Phone SDK (**microsoft.com**, 10.05.2014)	Java-SDK + Android SDK (**android.com**, 11.05.2014)
Unterstützte Programmier-sprachen	Objective-C, C, C++ (**apple.com**, 10.05.2014)	C#, VB.NET etc.	Java, (zum Teil auch C u. C++)

Tbl. 1: Gegenüberstellung der drei wichtigsten nativen Plattformen

Ein Plattformhersteller stellt als universales Programmierwerkzeug eine Entwicklungsumgebung, auch IDE genannt (Integrated Development Environment) bereit. Diese ermöglicht einen benutzerfreundlichen Zugang zu den Komponenten einer SDK. Ein SDK an sich setzt sich aus Bibliotheken und Hilfsprogrammen (z. B. für Debugging) zur App-Entwicklung zusammen. Die Entwicklungsumgebung kann als moderne Weiterentwicklung eines Texteditors verstanden werden, worüber unter Verwendung von Programmiersprachen Programme entwickelt werden können. Hansen und Neumann definiert eine Programmiersprache als eine

„zum Abfassen von Programmen geschaffene Sprache ...)" (**Hansen und Neumann**, November 2004).

Der wichtigste Vorteil nativer Apps ist der direkte Zugriff auf die Hardware, indem die Native App über API Aufrufe mit dem Betriebssystem interagiert. (**IBM Corporation Software Group**. 2012. S. 5 f).

Somit sprechen sowohl die Performanz als auch die einfache App-Distribution über plattformabhängige Application Stores für eine native App.

Dem entgegen, stehen die hohen Kosten im Bereich der Entwicklung und Lizenzierung.

3.2 Web Apps

Bei einer Web App handelt es sich um eine mobile Internetanwendung, die mit den plattformneutralen Internet Technologien HTML, CSS vorständig entwickelt wird. Laut einem IBM White Paper zum Thema Apps können Web Apps unterschieden werden in „(...) mobile-optimized websites (...) accessed by a smartphone and serve up HTML pages that have been designed to provide a comfortable „touch experience" on a small screen size (...) and mobile website[s] looks like a native app and can be launched from a shortcut that is indistinguishable from that used to launch native apps" (**IBM Corporation Software Group**. 2012. S. 5 f). Zudem existieren zwischen diesen zwei Extremen zahlreiche Mischformen. Um die Übersichtlichkeit zu wahren, wird für alle Web App Ausprägungen die Bezeichnung **Web App** verwendet.

Web Apps sind über ein Übersetzungsprogramm, dem Browser, aufrufbar. Browser von unterschiedlichen Herstellern können auf einem Tablet-PC, Smartphone oder stationären Rechner ohne weiteres installiert werden. Der Browser selbst stellt ein Bindeglied zwischen einer Web App und dem jeweiligen Betriebssystem dar, indem er eine Web App zur Laufzeit für ein Betriebssystem interpretiert und anschließend darstellt.

Die wichtigsten Vorteile einer Web App sind die Plattformunabhängigkeit und die niedrigen Entwicklungskosten. Die Plattformunabhängigkeit wird durch die Verwendung von plattformneutralen Webtechnologien zur Entwicklung von Web Apps und die Verwendung von Browsern zur Ausführung der entwickelten Web Apps geschaffen.

Wesentliche Nachteile sind zum einen eine schlechte Performance, da kein direkter Zugriff auf die Hardware erfolgt. Zum anderen ist die Distribution aufgrund eines fehlenden Zugangs zu nativen Application Stores sehr eingeschränkt.

3.3 Hybrid Apps

Hybrid Apps kombinieren die Vorteile von Nativen Apps und Web Apps. *„The native portion of the application uses the operating system APIs to create an embedded HTML rendering engine that serves as a bridge between the browser and the device APIs (...)"* und der Web Anteil der Anwendung liefert die Webtechnologien für die App Darstellung (**IBM Corporation Software-Group.** 2012. S 6 f). Es werden innerhalb einer Nativ App, Web Apps über einen eingebetteten Browser (Web View) angezeigt. Peter Friese erwähnte in einem Artikel des Eclipse Magazines, dass ein Browser in eine Native App eingebettet werden muss, um Zugriff auf die Hardwarefunktionen des Smartphones zu erhalten (**Peter Friese**, 2012, S. 14).

Darüber hinaus können hybride Apps, neben den nativen Apps, ebenfalls im Application Store eines Betriebssystemherstellers angeboten werden, da Hybride Apps nach außen als Native Apps verstanden werden. Die UI-Komponenten (User Interface Komponenten) hingegen basieren auf den Web Technologien und gleichen denen einer Web App.

3.4 Gegenüberstellung der Apps

Abschließend zu diesem Kapitel werden die unterschiedlichen App Varianten gegenübergestellt. Als Einteilungskriterium wird die Eigenschaft „Plattformunabhängigkeit" herangezogen. Es wird geklärt, in wie weit eine App dem Websegment bzw. dem Nativ-Segment zugeordnet werden kann.

Eine Web App nutzt ausschließlich Web-Komponenten, im Gegensatz zu einer Nativen App, die vollständig aus plattformspezifischen Komponenten besteht. Diese zwei Extrema bilden die Grenzen des Spektrums. Des Weiteren werden als Hybrid Apps auch Boxed Apps verstanden, wobei eine minimale Unterscheidung in Bezug auf die Gewichtung der verwendeten Webtechnologien zu den nativen Komponenten, auf denen zugegriffen wird, besteht. Boxed Web Apps verwenden größtenteils Webtechnologien und nur wenige native Komponenten (**Felix Alcalá Toca**, 31.12.2011, S. 37). Bei den Hybriden Apps ist die Gewichtung von nativen Komponenten zu den Webtechnologien ziemlich ausgeglichen. Die Interpretierten Apps sind nah an den Nativen Apps einzuordnen, da native User Interface Elemente durch plattformübergreifende API Befehle erzeugt werden (**Felix Alcalà Toca**, 31.12.2011, S.45).

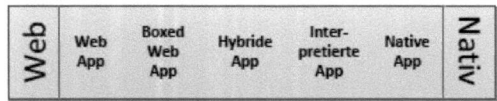

Abb. 1: Technologie-Anordnung im Spektrum zw. Webtechnologien & nativen Technologien

4 Technische Grundlagen für das Cross Plattform Development

Bevor auf die Technologien eingegangen werden kann, müssen die technologischen Grundprinzipien erläutert werden. Ein Programm wird in einer Programmiersprache erstellt. Das heißt noch lange nicht, dass ein Rechner dieses Programm versteht und somit ausführen kann. Ein Rechner hingegen versteht nur Maschinencode. Deshalb muss der Quellcode des Programmes, geschrieben in einer Hochsprache, in den Maschinencode übersetzt werden, damit ein Rechner diesen ausführen kann.

Übersetzungsprogramme können prinzipiell in zwei Klassen eingeteilt werden, den Compilern und den Interpretern, die sich bezüglich ihrer Übersetzungsart unterscheiden. Auf diese zwei Ansätze wird nun eingegangen.

Bei einem Compiler handelt es sich um ein Programm, das ein Programm in der Quellsprache – lesen und in ein gleichwertiges Programm einer anderen Sprache – der Zielsprache – übersetzten kann (**Alfred V. Aho / Monica S. Lam / Ravi Sethi / Jeffrey D. Ullman**, 2008, S. 3 ff). Ein Compiler übersetzt den Quellcode in einem Zug und erst nachdem das Programm vollständig und fehlerfrei übersetzt wurde, kann es ausgeführt werden. Dies bedeutet, dass ein kompiliertes Programm während der Laufzeit mit einer hohen Performance ausgeführt werden kann.

Christian Wagenknecht und Michael Hielscher grenzen einen Interpreter von einem Compiler ab, indem der Interpreter ein vorgelegtes Programm portionsweise analysiert, in eine zugehörige Folge von Prozessorinstruktionen überträgt und anschließend ausgeführt (**Christian Wagenknecht / Michael Hielscher**, 2009, S.47). Der Interpreter übersetzt somit den Programmquellcode Anweisung für Anweisung zur Laufzeit. Durch die schrittweise Ausführung des Quellcodes ist eine genauere Fehlerdiagnose möglich.

Um die zwei wesentlichen Vorteile, zum einen die bessere Laufzeitperformance und zum anderen die genaue Fehlerdiagnose zu vereinen, wird eine Mischlösung angestrebt. Dies wird zum Beispiel im Java Kontext durch den Bytecode erreicht. Ein Java Quellprogramm kann zunächst in eine Zwischenform kompiliert werden, den sogenannten **Bytecode**, der dann von einer virtuellen Maschine interpretiert wird (**Alfred V. Aho / Monica S. Lam / Ravi Sethi / Jeffrey D. Ullman** 2008, S. 4 f). Eine Virtuelle Maschine kann als Laufzeitumgebung (Runtime) bezeichnet werden. Der plattformnähere Zwischencode kann mit einer höheren Performance als der Quellcode der Hochsprache ausgeführt werden, da der Zwischencode dem Maschinencode mehr ähnelt.

5 Cross Plattform Technologien

Nachdem die technischen Grundlagen für das Cross Plattform Development erläutert wurden, werden nun unterschiedliche technologische Ansätze näher betrachtet, um eine mobile App zu entwickeln, die auf mehreren mobilen Plattformen ausführbar ist. Zu unterscheiden sind der **Web Ansatz**, der **Cross Compiling Ansatz** und der **Boxing Ansatz**. Jedoch ist zu erwähnen, dass der Boxing Ansatz eine Kombination der zwei anderen Ansätze ist und prinzipiell nur Nativ Apps und Web Apps entwickelt werden können.

5.1 Web Technologien

Der erste technologische Ansatz beruht auf Web Technologien. Ziel ist es, anhand von Technologien des Webs, Web Apps zu entwickeln, die plattformunabhängig über einen Browser als Webseiten angezeigt werden können. Für die Entwicklung von Web Apps stehen zahlreiche Web Technologien zur Verfügung. Aufgrund dessen wird in dieser Studienarbeit nur auf drei elementare Web Technologien eingegangen, die in Abbildung 2 visualisiert werden.

Abb. 2: Aufzählung der wichtigsten Webtechnologien

HTML5 entspricht der aktuellen Version von HTML (Hypertext Markup Language). Hansen und Neumann definiert HTML als:

„(...) eine Sprache zur Beschreibung von Dokumenten im WWW" (**Hansen und Neumann**, November 2004, S. 361).

Somit handelt sich hierbei nicht um eine Programmiersprache, sondern um eine textbasierte Auszeichnungssprache. Heiko Wöhr stellt klar, dass HTML nicht nur eine Menge zulässiger Elemente, sondern auch die Grammatik für deren Verwendung beschreibt (**Heiko Wöhr**, 2004, S. 45). Konkret werden Dokumentinhalte über sogenannte Tags (z. B. <p>...</p>) beschrieben. Zudem liefert HTML begrenzte Formatierungsmöglichkeiten und unterstützt nicht in funktionaler Hinsicht.

CSS3 (Cascading Style Sheets) ist eine Formatierungssprache. Sie ergänzt HTML in Bezug auf die Formatierung. CSS ermöglicht Textformate zu definieren, Elemente zu positionieren und Pseudoformate (z. B. Rollover Effekte) festzulegen.

Bei der Web Technologie JavaScript handelt es sich um eine clientseitige Skriptsprache, die HTML um die notwendige Funktionalität erweitert. Der Zugriff auf die Bestandteile des Dokumentes, betrachtet als Objekt, ist über das DOM (Document Object Model) möglich. Das DOM entspricht einer API mit Methoden und Eigenschaften.

Diese drei Webtechnologien zusammen, stellen die Basis für die Entwicklung einer plattformunabhängigen Web App dar, die über einen Browser eines Smartphones oder Tablet-PCs angezeigt werden kann.

5.2 Cross Compiling

Der zweite technologische Ansatz, auf den eingegangen wird, löst sich vom Ergebnis einer Web App. Ziel ist es, für jede Ziel-Plattform echte native Apps zu generieren. Beim Cross Compiling wird aus einer neutralen Codebasis via Cross Compiler nativer Quellcode für das jeweilige Betriebssystem erzeugt. Peter Friese verdeutlicht die Grundidee dieses Ansatz: *„Man schafft zunächst eine geeignete Abstraktionsschicht, die dann auf den gewünschten Zielplattformen implementiert wird"* (**Peter Friese**, 2012, S. 4).

Im Folgenden wird die Übersetzungskomponente **Cross Compiler** mit Hilfe eines konkreten Beispiels, dem XMLVM Cross Compiler näher beschrieben. Hierbei handelt es sich um eine Entwicklung von Prof. Dr. Arno Puder und seinen Kollegen der San Francisco State University. Mit dem XMLVM Cross Compiler kann der in Java programmierte Basiscode in Javascript, .NET, Objective-C und anderen Sprachen kompiliert werden (**xmlvm.org,** 27.04.2014). Die Cross Kompilierung erfolgt auf Basis von XML Technologien. Bevor Java Code in mehrere andere Programmiersprachen transformiert werden kann, wird aus der Java Klasse ein plattformneutrales XML-Dokument generiert. Auf Basis dieses XML-Dokumentes sind mehrere Transformationen möglich - selbst eine Android Anwendung kann in eine iPhone Anwendung umgewandelt werden (**xmlvm.org,** 27.04.2014). Solch eine Transformation ist nicht trivial, da sich die zwei dahinter verbergenden Programmiersprachen, Objective-C und Java stark voneinander unterscheiden.

Tabelle 2 verdeutlicht den Unterschied hinsichtlich der Syntax dieser zwei Programmiersprachen. Als Unterscheidungskriterien wurden die Art der Typisierung und die Existenz eines Garbage Collectors, zur Entsorgung referenzloser Objekte gewählt, da diese zwei Eigenschaften die Struktur des Quellcodes erheblich beeinflussen.

Programmiersprache	Objective-C	Java
Typing	Dynamic Typing	Strong Typing
Garbage Collector	Nein	Ja

Tbl. 2: Vergleich Objective-C und Java

9

Bei der Transformation einer Anwendung müssen nicht nur Unterschiede in Bezug auf die Programmiersprache bewältigt werden, sondern auch plattformspezifische Zugriffe auf Bibliotheken und Schnittstellen. Arno Puder verdeutlicht dies mit der Aussage:

„not only does XMLVM cross-compile applications on a language level, but it also maps APIs between different platforms (**Arno Puder and Oren Antebi**, 26.05.2012, S. 1).

Die Folgende Abbildung zeigt die möglichen Transformationen unter Verwendung des XMLVM Cross Compilers.

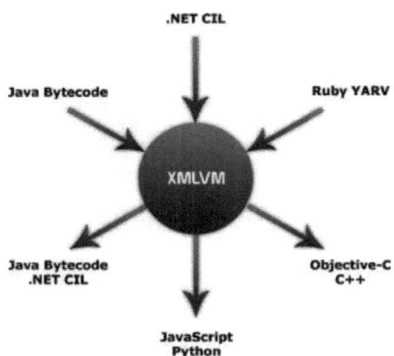

Abb. 3: XMLVM – Transformationsmöglichkeiten

Die durch den Cross Compiler erzeugten Apps werden als **Generierte Apps** bezeichnet und sind der Kategorie, Nativ Apps zuzuordnen.

5.3 Boxing

Basierend auf den Web Ansatz wird nun der Boxing Ansatz erläutert. Beim Boxing Ansatz wird eine Web App „gewrapped" von einer nativen App, das bedeutet eine native App bildet den Rahmen für eine Web App. Die eingeschlossene Web App ist über einen Browser, der in der nativen App eingebettet ist, ausführbar. Somit ist es möglich eine Web App zu einer nativen App zu kompilieren ohne etwas am Quellcode der Web App zu ändern (**Michalel Jaser**, 21.03.2011 S. 35). Entwickelbar ist solch eine Web App mit den bereits erwähnten Web-Technologien und über eine „web to native" Abstraktionsschicht kann die Web App auf Funktionalitäten des Mobilen Gerätes zugreifen, wie zum Beispiel auf die der Kamera oder auf das Dateisystem des Gerätes. Die folgende Abbildung zeigt eine Verschmelzung einer Nativ App mit einer Web App. Das Resultat der Zusammenführung sind Boxed Apps bzw. Hybrid Apps. Diese zwei App Arten wurden bereits im Punkt 3.4 voneinander abgegrenzt.

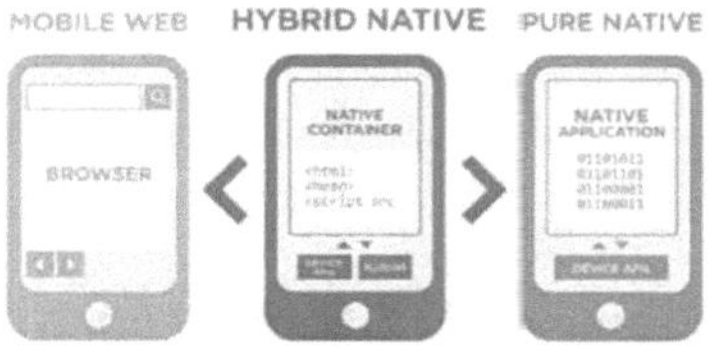

Abb. 4: Web App + Native App = Hybrid App bzw. Boxed App

6 Cross Plattform Werkzeuge

Im Rahmen dieser Arbeit werden drei etablierte Cross Plattform Werkzeuge beschrieben. Jeder dieser Werkzeuge basiert auf einen technologischen Ansatz, welcher im vorherigen Kapitel bereits beschrieben wurde.

6.1 Web Application Framework: Sencha Touch

John Earl Clark und Bryan P. Johnsen definieren das Cross Plattform Werkzeug Sencha Touch als erstes HTML5 JavaScript Framework zur Entwicklung von mobilen Web Apps mit dem "look and feel" nativer Apps. (**John Earl Clark und Bryan P. Johnson**, November 2013, Preface). Apache Sencha Touch als Web Framework ist der Kern der Sencha Touch HTML5 Plattform (**sencha.com**, 02.05.2014). Mit zahlreichen, vorgefertigten Komponenten des Frameworks lässt sich der Entwicklungsaufwand deutlich reduzieren. Unter Komponenten versteht man GUI basierte Elemente (z. B. sliders) oder auch Multi Touch Strukturen (z. B. zoom). Des Weiteren ist das Sencha SDK wesentlicher Bestandteil für die Anwendungsentwicklung und unterstützt den Entwickler durch eine Model View Controller basierte Struktur bei der Web App Entwicklung (**Stefan Rose**, 25.06.2012, S. 48). Eine Sencha Touch Web App ist eine Sammlung mehrerer Elemente, welche in Abbildung 5 dargestellt wird. Die Anwendung an sich bildet den Kern und wird durch einzelne Elemente erweitert.

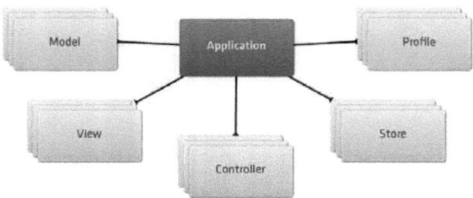

Abb. 5: Struktur einer Sencha Touch Web App (Modell)

Im nächsten Schritt wird das Sencha Touch App Schema anhand eines Quellcode Beispiels näher erklärt.

```
1 Ext.application({
2 name: 'OwnShop',
3 models: ['Customer' 'Product'],
4 views: ['OrderList' 'Main'],
5 controllers: ['Orders'],
6
7 launch: function() {
8 Ext.create('OwnShop.view.Main');}});
```

Abb. 6: Struktur einer Sencha Touch Web App (Implementierung)

Die Anwendung aus Abbildung 5 entspricht einer Instanz vom Objekt „Ext. application". Die App hat den Namen „MyApp", worüber auf die einzelnen Elemente zugegriffen werden kann. In Zeile 8 des Quellcodes wird ein View Element mit dem Namen „Main" über die App mit der Bezeichnung „OwnShop" erzeugt. Somit wird der Zusammenhang zwischen Kern und Element verdeutlicht.

Abschließend existiert vom Produkt Sencha Touch neben einer kommerziellen, auch eine frei zugängliche Lösung, die im Rahmen einer General Public License kostenfrei genutzt werden kann

6.2 Wrapper-Frameworks: PhoneGap

PhoneGap ist ein Wrapper Framework zur Erstellung von hybriden Apps bzw. boxed Apps. PhoneGap wurde von der Firma Nitobi entwickelt und ist im Jahre 2011 von der Firma Adobe Systems aufgekauft worden. Daraufhin entwickelte sich aus PhoneGap das Open Source Produkt Apache Cordova, positioniert unter dem Schirm der Apache Software Foundation (ASF) (**apache.org**, 03.05.2014). Im weiteren Verlauf wird ausschließlich die Namensgebung PhoneGap verwendet, da diese schlicht bekannter ist.

Marcus Ross erwähnt, dass Phone Gab genutzt wird als ein Paketierer, um die Web App für die jeweilige Zielplattform in eine Native umzuwandeln - anschließend ruft Phone Gab den Webbrowser einer Smartphone Plattform auf und lässt die zuvor entwickelte Web App darin ablaufen (**Marcus Ross** 27.03.2013). Somit stellt PhoneGap den Rahmen für die Kapselung einer Web App dar und liefert die notwendigen Schnittstellenzugriffe.

Die PhoneGap Architektur besteht im Wesentlichen aus zwei Bausteinen, einer JavaScript Engine, als API in einer Web App für den plattformunabhängigen Gerätezugriff und einer nativen Engine, für plattformabhängige Abfragen an die Sensoren des jeweiligen Betriebssystems (**Marcus Ross**, 27.03.2013, S.3).

6.3 Cross Compiler Framework: Titanium

Titanium ist ein Cross Compiler Framework zur Erzeugung von nativen Apps aus einer JavaScript Single Code Codebasis. Die Codebasis beschränkt sich bewusst nur auf eine Sprache, um die Komplexität zu reduzieren. Titanium wurde von der Firma Appcelerator, Inc. entwickelt und ist ein frei zugängliches Open Source Produkt.

Die Kernkomponente des Titanium Frameworks ist die JavaScript basierte Titanium SDK, wie in Abbildung 7 verdeutlicht wird.

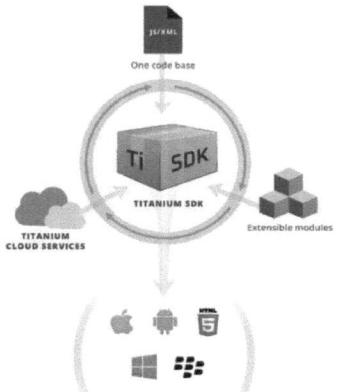

Abb. 7: Position von Titanium SDK im Titanium Framework

Eine Ergänzung des SDKs ist durch die Einbindung von Modulen und cloud basierten Services möglich. Module können über einen Modul Marktplatz bezogen werden (**appcelerator.com**, 03.05.2014). Nachdem die Entwicklung der Web App vollendet ist, kann diese in mehrere Ziel-Plattformen übersetzt werden. Laut Stephan Verclas und Claudia Linnhoff erfolgt dies:

„indem der JavaScript-Code (…) für die jeweilige Plattform in einen nativen Anwendungs-Container verpackt und zur Laufzeit von der im Anwendungs-Container enthaltenen JavaScript-Engine interpretiert" wird (**Stephan Verclas und Claudia Linnhoff – Popien**, 29.11.2011, S. 173).

Titanium verwendet im Gegensatz zu Phone Gap keine Browserkomponente, sondern einen JavaScript Interpreter, um Anwendungsinhalte darzustellen (**Stephan Verclas und Claudia Linnhoff – Popien**, 29.11.2011, S. 173).

7 Zusammenfassung

Im folgenden Abschnitt werden die bereits erarbeiteten Erkenntnisse in Bezug auf die **technologischen Ansätze, Werkzeuge** und **App Varianten** in Relation zueinander gesetzt. Ein Werkzeug fungiert auf Basis eines beschreibenden Ansatzes, um eine konkrete App zu entwickeln. Des Weiteren wird ein Vergleich zwischen den unterschiedlichen Abstraktionsebenen der Cross Plattform Entwicklung mit denen des objektorientierten Programmierparadigma angestellt, wie folgende Tabelle zeigt.

Abstraktionsebene	OO-Programmierparadigma	Cross-Plattform-Entwicklung
1	Abstrakte Klasse	Technologischer Ansatz
2	Fachkonzeptklasse	Werkzeug
3	Konkretes Objekt	Konkrete App

Tbl. 3: Vergleich OO-Programmierung mit Cross-Plattform-Entwicklung

Zu jeder Abstraktionsebene der Cross Plattform Entwicklung wurden drei grundlegende Bestandteile erläutert – erst drei App Ausprägungen, dann drei Technologien und abschließend drei Werkzeuge. Eine **Cross Plattform Entwicklungsvariante** setzt sich aus drei zusammengehöriger Elementen, eines aus jeder Abstraktionsebene, zusammen. Abbildung 8 visualisiert die drei unterschiedlichen Cross Plattform Entwicklungsvarianten.

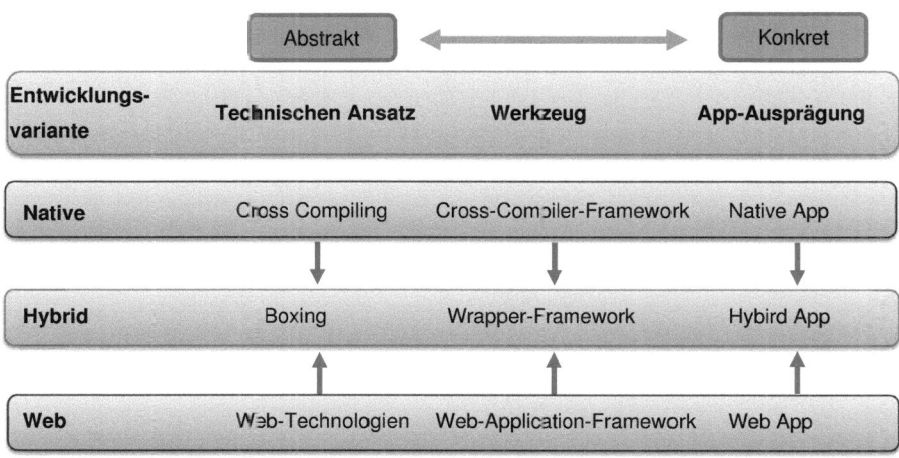

Abb. 8: Entwicklungsvarianten im Vergleich

15

Die hybride Entwicklungsvariante wird durch den Web- und Nativ-Prozess auf jeder Abstraktionsstufe beeinflusst. Das Spektrum der Abstraktion zwischen Abstrakt und Konkret wird mit der Farbe Orange dargestellt und stellt dar in wie Weit eine Phase einer Entwicklungsvariante von einer konkreten Umsetzung in Form einer App entfernt ist. Abschließend ist zu erwähnen, dass die unterschiedlichen Entwicklungsvarianten, jeweils abgebildet durch einen drei stufigen Prozess, spezielle Ausprägungen des Cross Plattform Development Entwicklungsansatzes sind.

8 Ausblick

Auf den Seiten zuvor wurde auf das Cross Plattform Development an sich eingegangen. Nun werden die Potentiale und das existierende Risiko in Verbindung mit dem Cross Plattform Development erläutert.

8.1 Risiko durch Cross Plattform Development

Ein Großteil der Cross Plattform Frameworks sind Cross Compiling Frameworks und fordern von den Entwicklern nur das Verständnis einer Sprache zur Programmierung einer Codebasis. Per Knopfdruck werden automatisch aus dieser Codebasis native Apps erzeugt, die sich in Bezug auf ihre Plattform unterscheiden.

Der Punkt ist, dass die Aufwandsreduktion, welche durch den Cross Compiling Ansatz ermöglicht wird, zu einer Rationalisierung der Entwicklungsabteilungen führen kann. Es sinkt die Nachfrage nach Spezialisten zur Entwicklung nativer Apps, da native Apps nicht mehr manuell zu programmieren sind, da sie automatisch generiert werden können.

8.2 Potenzial durch Cross Plattform Development

Viele bekannte Firmen wie Google oder Facebook bieten ihre Apps auf mehreren Plattformen zum Download an, um breitgefächert mehrere Kunden gleichzeitig erreichen zu können. Um dieses Ziel zu erreichen wird das Cross Plattform Development angewandt, im Spektrum zwischen Web und Nativ. Es können Web Apps, Hybride Apps und Native Apps erzeugt werden.

Web Apps sind ideal für Anwendungen mit geringen Performanceanforderungen z. B. die Facebook Web App, da kein direkter Zugriff auf die Hardwareressourcen erforderlich ist. Web Apps können zudem neben nativen Apps über native Distributionskanäle (App Stores) angeboten werden, wenn diese zuvor in Hybride Apps umgewandelt werden. Laut Gray Kovacs, CEO von AVG Technologies, wird die Bedeutung der webbasierten Apps in den kommenden Jahren drastisch zunehmen, da der Web App Markt potentiell deutlich größer ausfallen wird als der Nativ App Markt, weil im Internet etwa drei Millionen Entwickler sind, während es bei Android geschätzte 10.000 und bei iOS etwa 43.000 sind (**Gray Kovacs**, 04.03.2011).

Jedoch werden 3D-Spiele für Smartphones bzw. Tablet PC weiterhin als Native Apps umgesetzt, auf Grund der hohen Performanceanforderung, die durch den direkten Hardwarezugriff befriedigt wird.

Im Großen und Ganzen ist der „write once, run anywhere" Entwicklungsansatz im mobilen Bereich eine Chance, Entwicklungskosten zu senken, aber auch die Apps in einer lukrativeren Art und Weise verteilen und vertreiben zu können.

Quellenverzeichnis

Literatur

1. **Hansen und Neumann**. *Wirtschaftsinformatik 1, Grundlagen und Anwendungen*. Kiel und Tübingen. Lucius & Lucius Stuttgart, 9. Auflage, November 2004.

2. **Alfred V. Aho / Monica S. Lam / Ravi Sethi / Jeffrey D. Ullman**. *Compiler Prinzipien, Techniken und Werkzeuge, Das legendäre Drachenbuch*. München. Pearson Studium, 2. Auflage, 2008.

3. **Christian Wagenknecht und Michael Hielscher**. *Formale Sprachen, abstrakte Automaten und Compiler*. Wiesbaden. Vieweg + Teubner. 2009.

4. **Heiko Wöhr**. *Web-Technologien Konzepte – Programmiermodelle – Architekturen*. Heidelberg. dpunkt.Verlag GmbH, 2004.

5. **John Earl und Bryan P. Johnson**. *Sencha Touch 2 Mobile JavaScript Framework*. Birmingham(UK). Packt Publishing Ltd., November 2013.

6. **Marcus Ross**. *PhoneGap: Mobile Cross-Plattform-Entwicklung mit Apache Cordova & Co.*. Heidelberg. dpunkt.Verlag, 27.03.2013.

7. **Stephan Verclas und Claudia Linnhoff – Popien**. *Smart Mobile Apps – Mit Business-Apps ins Zeitalter mobiler Geschäftsprozesse*. Berlin und Heidelberg. Springer Verlag, 29.11.2011.

8. **IBM Corporation Software Group**. *Thought Leadership White Paper, Native, web or mobile-app development*. New York. IBM Corporation Software Group, April 2012.
URL: *ftp://ftp.software.ibm.com/software/sg/WSW14182USEN.pdf*   [Abgerufen   am: 23.05.2014]

9. **Arno Puder and Oren Antebi**. *Moblile Networks & Applications - Cross-Compiling Android Applications to iOS and Windows Phone 7*. New York. Springer Verlag, 26.05.2012.

Fachpublikationen

10. **Thomas Behrens**. *How does an App Store / Market work?*. München. Technische Universität München, Lehrstuhl Netzarchitekturen und Netzdienste Fakultät für Informatik, 2012. URL: *http://www.net.in.tum.de/fileadmin/TUM/NET/NET-2012-08-1/NET-2012-08-1_07.pdf* [Abgerufen am: 23.05.2014]

11. **Peter Friese**. *Plattformübergreifende Entwicklung von mobilen Anwendungen mit Eclipse*. Eclipse-Magazin 4.12, FA-236, 2012. URL: *http://www.zuehlke.com/fileadmin/pdf/fachartikel/236_em_cross_plattform_ mobile_development_pir.pdf* [Abgerufen am: 23.05.2014]

12. **Felix Alcalá Toca**. *Cross-Plattform-Entwicklung unter iOS und Android: Technologieüberblick und Prototyp-basierte Bewertung*. Magdeburg. Universität Magdeburg, Diplomarbeit, 31.12.2011. URL: *http://wwwiti.cs.uni-magdeburg.de/iti_db/publikationen/ps/12/thesisAlcalatoca.pdf* [Abgerufen am: 23.05.2014]

13. **Michalel Jaser**. *Evaluation, Bewertung und Implementierung verschiedener Cross-Platform Development Ansätze für Mobile Internet Devices auf Basis von Web-Technologien*. Augsburg. Hochschule Augsburg, Bachelorthesis, 21.03.2011. URL: *http://cross-mobile-apps.de/files/bachelorthesis-michael-jaser.pdf* [Abgerufen am: 23.05.2014]

14. **Stefan Rose**. *Nutzung von Frameworks bei der Entwicklung von mobilen Anwendungen an einem Beispiel aus der Immobilienwelt*. Hochschule Hannover, Bachelorthesis, 25.06.2012.

15. **Moritz Schönberger**. *Cross-Plattform-Entwicklung mobiler Applikationen*. Wismar. Hochschule Wismar, Studienarbeit, 2013. URL: *http://www.wi.hs-wismar.de/~laemmel/Lehre/WA/Artikel1306/Schoenberger_ CrossPlat.pdf* [Abgerufen am: 23.05.2014]

16. **Wolf Knüpffer**. Mobile CRM. Ansbach. Hochschule Ansbach, Juni 2014.

Statistiken

17. **Statista_A.** Statista GmbH. *Downloads von mobilen Apps weltweit 2011 bis 2016* (in Milliarden).* [Online] April 2014.
URL: *http://de.statista.com/statistik/daten/studie/176732/umfrage/downloadzahlen-mobiler-app-stores-weltweit-seit-2009* [Abgerufen am: 20.04.2014].

18. **Statista_B.** Statista GmbH. *Welche Entwicklungsplattformen für mobile Apps werden in 3 Jahren besonders wichtig?.* [Online] 2012.
URL: *http://de.statista.com/statistik/daten/studie/161670/umfrage/zukuenftige-bedeutung-von-entwicklungsplattformen-fuer-mobile-apps/* [Abgerufen vom: 13.05.2014]

Webseiten

19. **David Gilbert.** *International Business Times. Mobile Devices will outnumber people by 2017.* [Online] 10 Juni 2013.
URL: *http://www.ibtimes.co.uk/mobile-devices-outnumber-people-2017-476716.* [Abgerufen am: 08 Mai 2014]

20. **xmlvm.org.** *Overwiew – XMLVM.*
URL: *http://xmlvm.org/overview/.* [Abgerufen am: 27.04.2014]

21. **sencha.com.** *Products.*
URL: *http://sencha.com/products/touch/.* [Abgerufen am: 02.05.2014]

22. **apache.org.**
URL: *http://cordova.apache.org.* [Abgerufen am: 03.05.2014]

23. **appcelerator.com.** *Appcelerator-Modul-Marktplatz.*
URL: *https://marktpalce.appcelerator.com/home.* [Abgerufen am: 03.05.2014]

24. **apple.com.** *The complete toolset for building great apps.*
URL: *https://developer.apple.com/xcode/* [Abgerufen am: 10.05.2014]

25. **microsoft.com.** *Developer tools, Windows Phone SDK.*
URL: *http://www.microsoft.com/en-us/download/details.aspx?id=35471* [Abgerufen am: 10.05.2014]

26. **android.com.** *Get the Android SDK.*
URL: *http://developer.android.com/sdk/index.html?hl=sk* [Abgerufen am 11.05.2014]

27. **itespresso.de.** *CeBIT: Opera und Mozilla wollen Web-Apps.*
URL: *http://www.itespresso.de/2011/03/04/cebit-opera-und-mozilla-wollen-web-apps/*
[Abgerufen am: 13.05.2014]

Abbildungen

28. **Abb. 1:** URL: *http://wwwiti.cs.uni-magdeburg.de/iti_db/publikationen/ps
/12/thesisAlcalatoca.pdf* [Abgerufen am: 23.05.2014]

29. **Abb. 2:** URL: *http://people.apache.org/~matzew/Confess_2013/assets/img/
html5_css_javascript.png* [Abgerufen am: 08.05.2014]

30. **Abb. 3:** URL: *http://xmlvm.org/overview/overview.jpg*
[Abgerufen am: 09.05.2014]

31. **Abb. 4:** URL: *http://redflag.ie/wp-content/uploads/2013/06/
hybrid-app-development.png* [Abgerufen am: 09.05.2014]

32. **Abb. 5:** URL: *http://docs.sencha.com/touch/2.3.1/#!/guide/apps_into*
[Abgerufen am: 09.05.2014]

33. **Abb. 6:** URL: *http://docs.sencha.com/touch/2.3.1/#!/guide/apps_intro*
[Abgerufen am: 10.05.2014]

34. **Abb. 7:** URL: *http://www.appcelerator.com/titanium/titanium-sdk/*
[Abgerufen am: 10.05.2014]

Tabellen

35. **Tbl. 1:** URL: *https://developer.apple.com/library/ios/documentation/
Cocoa/Conceptual/ProgrammingWithObjectiveC/Introduction/Introduction.html.*
[Abgerufen am: 20.04.2014]

36. **Tbl. 2:** URL: *http://dl.acm.org/citation.cfm?id=1852772*
[Abgerufen am: 11.05.2014]